AF500462

DISCUSSIONS

PRÉPARATOIRES

LÉGISLATIVES.

DISCUSSIONS

PRÉPARATOIRES

SUR CERTAINES QUESTIONS

LÉGISLATIVES,

Soumises à la Session de 1831,

PAR

DOCTEUR HUNAULT DE LA PELTRIE.

In moderation placing all my glory,
While Tories call me Whig, and Whigs a Tory.
POPE.

Traité de Whig par les Torys, et de Tory par les Whigs, c'est dans la modération que je place toute ma gloire.

ANGERS,

L. Pavie, Imprimeur de la Préfecture.

1831.

Discussions

PRÉPARATOIRES

Propres à éclairer certaines questions législatives.

Un de nos grands défauts en politique, défaut inhérent du reste à notre caractère national, c'est la facilité avec laquelle nous nous passionnons pour un évènement, un systême, un mot, sans en avoir avant calculé toute la portée, sans en avoir médité toute la valeur, tous les rapports, toutes les conséquences. Apporté dans les intérêts privés, cet inconvénient, bien que fâcheux, n'est rien en comparaison des dangers auxquels il livre les affaires publiques, surtout lorsque ce défaut domine les hommes chargés des intérêts de l'Etat. Malheur donc à la nation, au souverain, aux lois et à l'opinion publique elle-même, qui ont concouru à faire tomber dans de telles mains le sort de la patrie. Car il faut enfin que tout le monde le sache ; la politique est absolument une science de faits sensibles, saisissables et matériellement existans, puisqu'ils s'exercent en effet sur des individus et des intérêts. C'est donc dans leurs combinaisons réciproques, plus ou moins bien pondérées, que consiste la science du Gouvernement; c'est à bien équilibrer les élémens sociaux dont chacun d'eux se compose, que gît l'habileté ou l'incapacité des hommes d'Etat. Quant aux théories et aux systêmes innombrables qui ont fait considérer la politique comme une œuvre entièrement spéculative, et qui semblent pour ainsi dire la rendre vulgaire de nos jours, par la manière dont chacun en raisonne et se figure la posséder; cela n'implique aucune contradiction à nos principes, cela tient au contraire aux causes que nous indiquons, en faisant ressortir avec plus d'évidence encore notre assertion ; puisqu'il est vrai que dans nos sociétés modernes, la complexité de cette science tient à la complexité des intérêts eux-mêmes, dont chacun, dans sa position relative, raisonne, compare, approuve ou critique, en ce qui le concerne, la législation qu'on leur applique.

Les opinions ne sont donc en ce sens que des intérêts raisonnés, et les passions des intérêts exagérés. Les unes et les autres peuvent être également égarées ; ce qui ne détruit en aucune sorte notre classification précédente. Une grande erreur a de nos jours présidé aux travaux des législateurs ; ils n'ont pas assez compris la différence fondamentale qui doit exister entre les intérêts immuables et les intérêts mobiles dont notre société se compose. Tous ont pour base la propriété, sans doute, mais tous aussi se résument dans l'unité de la propriété foncière, dont la réalité ne peut jamais échapper à l'impôt, quelque mutation qu'elle subisse : donc la propriété envisagée sous ce point de vue, est la ressource, non pas inépuisable, mais indestructible de l'Etat. Quant aux intérêts mobiles, ce sont les intérêts commerciaux, industriels, qui, quoi qu'on en dise, ne sont chez nous bien évidemment que des intérêts conséquens et secondaires. En effet, ils sont périssables et sujets à mille vicissitudes au milieu desquelles il ne faut jamais que l'Etat compromette son existence. La législation pratique a consacré ces principes, et ils nous régissent sur tous les points. Si la législation politique s'écartait de cette base fondamentale, il serait à craindre que l'édifice social ne s'écroulât bientôt. Une législation mixte peut du reste exister chez des nations qui, telles que l'Angleterre ou les Etats-Unis, posséderaient ou d'immenses possessions coloniales, ou le monopole universel. Chez nous, loin d'imiter des peuples livrés à des intérêts si divers, nous devons au contraire avoir les yeux incessamment fixés sur notre prospérité territoriale, de façon à pouvoir harmonier heureusement notre commerce et notre industrie avec les productions de notre sol et la consommation de ses habitans.

Avant d'oser nous lancer sur le grand marché du monde aussi largement que quelques économistes nous le proposent, il faut avoir bien calculé tous les avantages et les inconvéniens de notre situation relative, ainsi que la portée des évènemens et les coups que nous pouvons avoir à en redouter. Toutes ces choses enfin, et ainsi que nous le disions précédemment, sont encore des faits; et avant d'avoir la prétention d'être apte à manier les affaires publiques, il faudrait au moins les avoir bien observées, bien étudiées, bien approfondies.

Si de ces faits généraux nous descendons aux questions actuelles, nous voyons encore que leur solution se trouve toute entière dans les faits sociaux dont l'évidence frappe chaque jour nos yeux. En les ramenant donc par l'analyse à l'histoire vraie de leur origine, de leur intelligence et de leur but, nous croirons avoir démontré ce qui peut satisfaire non pas aux exigences absolues de chacun, ce qui impliquerait leur destruction réciproque; mais nous croirons au moins avoir indiqué les combinaisons législatives rationnelles les plus propres à en obtenir la fusion, de manière à les faire tous concourir ensemble, et à leur intérêt particulier et à la prospérité générale du pays. D'après ces considérations, nous allons donc nous appliquer à soumettre la question de la pairie, celle de l'instruction publique, et enfin une série d'autres questions économiques et administratives, à l'épreuve rigoureuse des faits, tels que nous les ont transmis et le mouvement régulier de l'Etat, et les révolutions successives qui ont mis plus en relief encore, et la vitalité et la force, et l'énergie de chacun des élémens sociaux en particulier.

SUR LA PAIRIE.

Je commencerai d'abord par dire qu'un corps aristocratique quelconque, soit héréditaire, soit inamovible, élu par le peuple ou par la couronne, nous semble une chose absolument indifférente, considérée en elle-même; cette constitution n'ayant en effet de valeur réelle à nos yeux, que relativement au gouvernement établi. Mais avec la Constitution de 1830, telle qu'elle existe, telle qu'on la comprend, et je dirai plus, telle qu'en dépit de ce fanatisme d'égalité superficielle on la veut généralement en France, une pairie héréditaire est indispensable. Cette forme est un corollaire forcé du principe social, sous l'empire duquel existent les grands Etats de l'occident; c'est une condition imposée par les faits successifs de notre révolution elle-même; c'est une façon de classer enfin toutes nos aristocraties rivales, et de les amortir au profit de la liberté. C'est en somme un moyen infaillible d'ôter à toute révolution nouvelle, contre-révolution ou restauration quelconques, les ressources et les appuis des grands; c'est étouffer en son berceau l'hydre sans cesse renaissante des conjurations de toute espèce, sous les coups répétés desquelles la liberté à peine affermie pourrait succomber encore. Si Louis XVIII lui-même eût été plus indépendant dans sa création, si son œuvre immortelle n'eût pas pris naissance sous la censure immédiate des souverains et des armées de l'Europe, si ses inspirations généreuses n'eussent pas été entravées par des préventions de famille et par les méfiances d'une Cour ombrageuse et jalouse; je suis convaincu que ce politique habile, si l'on en juge d'après ce qu'il a fait en dépit de tant d'obstacles, eût rassemblé dans la Chambre des Pairs de la restauration tous les débris épars de nos illustrations nationales, à quelques époques qu'ils appartinssent. Il le fit en effet en grande partie; aussi est-ce à nos yeux une des causes principales de la durée et de la splendeur des plus belles années de la restauration. Le Monarque qui préside en ce moment aux destinées de la France, jouit sous ces divers rapports de toute la plénitude de son indépendance; indépendance nationale, indépendance politique, au-dehors ainsi qu'au-dedans: liberté entière et complète! Quel plus beau moment fût jamais offert à un Prince pour fermer à jamais l'abîme des révolutions? D'un autre côté, jamais circonstance plus favorable s'offrit-elle à une assemblée populaire, pour fonder un avenir exempt d'orages, et pour cimenter avec sagesse et fermeté tous les élémens d'ordre et de stabilité. Quelle plus facile occasion de pondérer habilement les pouvoirs monarchique, héréditaire et démocratique! L'aristocratie anglaise eut en son temps la haute intelligence de sa situation; elle traça le cercle où chacun de ces pouvoirs devait se mouvoir. Serait-il réservé au pouvoir populaire de créer en France une œuvre aussi durable? Fasse le ciel! Quelle gloire ne rejaillirait pas sur une telle assemblée, si, se dépouillant généreusement de ce vil égoïsme qui tue les empires ainsi que les individus, elle savait consacrer et fixer à la fois les droits des deux autres pouvoirs ! Malheur alors à ceux qui, méconnaissant les lois suprêmes d'une générosité réciproque, ne feraient pas à la Patrie le sacrifice de leurs ressentimens, et repousseraient avec dédain les bras que leur tendraient des frères! Désormais leurs intrigues ne seraient plus à craindre pour la France.

Nul doute que dans ce cas la légitimité ne fût encore un lien de plus ajouté à cette consécration nationale; mais si pour y revenir, il fallait traverser une nouvelle révolution; s'il fallait de nouveau replonger la France dans des flots de sang, qui pourrait avoir le courage de la proposer? et qui sait même où, au milieu de cette tempête, le vaisseau de l'Etat viendrait encore échouer? Je ne parle point de cette légitimité de droit divin, qu'on a rendue aussi ridicule, aussi odieuse par son exagération passionnée que par ses stupides railleries; de cette légitimité absurde que l'on voudrait rendre ou complice ou coupable de l'abrutissement ou du malheur des peuples. Je veux parler de cette légitimité, noble et consciencieuse croyance des temps passés; de cette légitimité, fille du temps, de la gloire et de la reconnaissance, qui sût attacher à la fois les masses intelligentes et grossières à un trône antique et vénéré par un sentiment religieux et moral, que léguèrent à tant de générations successives ces gigantesques et immenses évènemens au milieu desquels les courages, les noms et tous les souvenirs de nos aïeux se confondirent d'âge en âge avec ceux de la race de nos

Rois ; de cette légitimité qui est toujours là, à sa place, pour que des esprits ambitieux, des génies malfaisans et subversifs ne puissent pas ainsi bouleverser chaque jour, au gré de leurs caprices, toutes les existences et toutes les conditions humaines ; de cette légitimité qui sanctionne les institutions des peuples, ainsi que la religion sanctifie les actes les plus importans de notre existence ; consécration à laquelle, malgré la perfection de nos lois et la légèreté avec laquelle on en traite, nos plus grands esprits forts, eux-mêmes, s'empressent de se soumettre, et qu'ils imposent religieusement à tous ceux qui vivent dans leur dépendance ; de cette légitimité dont on a enfin imprégné autant que possible notre Constitution actuelle.

Si, après avoir considéré l'esprit de la Charte constitutionnelle, nous en appelons à sa lettre, qu'est-ce qu'elle nous dit ? L'article 25 de la Charte sera soumis à un nouvel examen dans la session de 1831. Qu'a-t-on entendu par ces mots ? Examen est-il synonime ici de modification ou de destruction ? Quelle était l'intention des législateurs, et quel pouvoir avaient-ils ou ont-ils encore pour trancher une semblable difficulté ? De qui tiennent-ils leur mission, et qui pouvait leur en donner une de cette importance ? Ne sont-ils que l'une des branches du souverain législateur ? ou sont-ils en ce sens une véritable constituante, une assemblée nationale ? Les représentans de deux cent mille électeurs dont à peine les deux tiers ont voté, peuvent-ils même s'intituler rigoureusement les représentans de la démocratie ?

Le texte précis de la Charte de 1830 admet la souveraineté nationale représentative, en France, dans la personne des trois pouvoirs constitués. Abandonner ainsi les termes et l'esprit de la Constitution, c'est se lancer dans un dédale inextricable, où tous les principes et toutes les inductions logiques vous échappent à la fois. Il vaudrait mieux avouer franchement que l'on répudie la Charte de 1830, du moment qu'elle implique comme conséquence absolue la pairie héréditaire, et marcher droit à de nouvelles institutions, que de fausser, que de vicier ainsi celles qui existent, avec la certitude, en compliquant les choses, de n'arriver à rien de bien. De cette façon, si l'on était novateur, on serait au moins conséquent. Car il ne faut pas une grande pénétration d'esprit, il ne faut pas une entente bien intelligente de notre mécanisme parlementaire, pour comprendre en effet que la chambre aristocratique devenue inamovible d'une manière quelconque, doit nécessairement entraîner de nouveau la modification des deux autres pouvoirs. Il est évident aussi qu'en présence d'un corps aristocratique souverain réduit à l'inamovibilité, nul autre rouage secondaire, soit judiciaire, soit administratif, ne peut rester égal en droits? Ce serait plus qu'une contradiction, ce serait une absurdité. C'en serait une plus choquante encore que l'hérédité d'une noblesse quelconque. Voyez ainsi où nous conduit ce premier pas; nous voilà de nouveau livrés à toutes les chances de la mobilité, et renforçant notre tendance naturelle. Quant à l'indépendance du corps aristocratique, elle ne peut être complète, puisque dans l'une ou l'autre hypothèse, la Chambre doit nécessairement être dévouée ou à la couronne ou aux électeurs. Où les prendra-t-on, ces électeurs de l'aristocratie, si on ôte ce droit à la couronne? On ne peut demander l'aristocratie à la démocratie, ou aux électeurs qui la représentent; ce serait joindre l'absurde à l'impossible. Les éligibles actuels seront-ils chargés de cette élection? ce serait un pléonasme politique, dont la résolution conduirait directement à l'unité législative? Ressusciterait-on à ce sujet les éligibles du gouvernement précédent? Pour rendre enfin la chose plus claire et plus simple, adoptera-t-on encore la double ou triple candidature au choix de la couronne? Cette combinaison mixte a beaucoup de partisans; mais en désespoir de cause, ceux d'une assemblée unique, qui de leur côté sont moins nombreux, espèrent que de guerre lasse on en viendra à l'adoption de leur systême. Tel est en définitive le cahos de plans et d'opinions que va soulever la grande question de la pairie.

Touchant ces questions théoriques, les faits toujours positifs et sévères sont encore là pour nous guider. Ils nous ont prouvé qu'une assemblée unique ne peut subsister en présence du trône, sans qu'en définitive elle ne l'asservisse, ou sans que celui-ci ne la domine. Ils nous prouvent encore que la seule aristocratie élective qui ait existé, a aidé le pouvoir exécutif à renverser la Constitution, afin d'arriver ensemble au pouvoir héréditaire. En effet, le Conseil des Anciens devint successivement, après avoir concouru avec Bonaparte à la proscription des Représentans du Peuple, Sénat Conservateur, Sénat Impérial, puis enfin Chambre des Pairs héréditaires, en même temps que le nouveau César se nommait lui-même Consul à temps, Consul à vie, puis Empereur *Auguste*. Il est en outre facile de prévoir qu'une assemblée inamovible quelconque doit nécessairement traîner à sa suite un patronage aussi avide qu'oppressif, en devenant elle-même d'autant plus dépendante et dévouée, que sa soumission au pouvoir assure à sa famille toutes les grâces et les faveurs du gouvernement. Les faits nous prouvent au contraire que, grâce à sa Constitution héréditaire, la Chambre des Pairs de la restauration a su montrer une véritable indépendance, en opposant une résistance constitutionnelle aux empiétemens du pouvoir; c'est à elle que nous devons en grande partie les bienfaits d'une existence parlementaire de quinze années, existence si souvent compromise par les passions tribunitiennes de la Chambre des Communes : témoignage de reconnaissance que du reste se sont plu à lui accorder les organes de toutes les opinions. Ainsi donc, si au milieu des perturbations qui nous agitent, l'expérience peut encore exercer quelqu'empire ; si une haute et puissante raison gouverne la Chambre des Députés ; si l'on veut véritablement de la Charte de 1830 et de toutes ses conséquences, le résultat n'est pas douteux.

Considérée ainsi qu'elle l'est exclusivement sous le le seul rapport de l'égalité, la question de la pairie semble bien mesquine, bien étroite à l'homme politique. C'est dans un but plus noble, plus élevé, plus vaste, que l'anoblissement héréditaire de quelques individualités dont la valeur absolue ou relative s'efface entièrement à nos yeux, à l'aspect des grands principes d'ordre et de stabilité, que le législateur a posé les bases d'une institution héréditaire. Considérée dans la propriété, l'hérédité est le lien social le plus puissant et le plus conservateur ; c'est le moyen le plus propre à arrêter le brigandage auquel tout serait livré, si ce principe était une fois ébranlé. C'est en concluant de la famille à la société, qu'on a constitué l'Etat; c'est en effet autour de ce principe lui-même, que toutes les lois gravitent depuis tant de siècles. Partant, l'hérédité de la couronne, comme frein imposé aux calculs ambitieux des grands et des factions rivales, comme gage immuable d'ordre et de stabilité, est une conséquence à la fois simple et naturelle de l'hérédité de la propriété, ainsi qu'une des garanties les plus fortes et les plus puissantes en faveur de la conservation de tous les intérêts qu'elle représente. Elle est le seul moyen de progrès sûr et vrai, puisqu'elle nous donne la certitude que l'expérience de nos prédécesseurs nous sera religieusement transmise; et pour me servir des mêmes expressions que Bodin, je dirai que c'est véritablement ici que la forme et le fond viennent heureusement se confondre.

Quant à l'hérédité d'un troisième pouvoir, il ne s'agit pas ici d'une fantasmagorie puérile, il ne s'agit pas, ainsi que le disent quelques radicaux absolus, quelques esprits superficiels, de reconstituer, comme si la chose fût jamais possible de nos jours, une aristocratie féodale appuyée sur ses créneaux et ses blasons, et traînant à la chaîne de misérables vassaux. Ce croque-mitaine, cet épouvantail de nos habiles faiseurs n'auront bientôt plus cours, Dieu merci ! il s'agit sérieusement de constituer un Corps législatif héréditaire, destiné à tempérer par son immobilité lentement et sagement progressive, le caractère si ardent, si impétueux de la Chambre des Communes, dans laquelle chacun se croit obligé d'arriver, tourmenté d'une fièvre d'ambition et de renommée, d'un insatiable besoin de frapper la France de sa voix et de son nom, d'un désir irrésistible de faire prévaloir ses doctrines, ses rêves et ses systêmes ; dussent y succomber ensemble le trône et la patrie. Car il en est toujours chez nous ainsi que du temps de Voltaire ; nous préférons en tout dans les plaisirs et les affaires, le paraître à l'être : loin donc d'ajouter à cet excès natif du caractère national, il me semble qu'une législation sage et prévoyante devrait au contraire chercher sinon à en corriger, du moins à en tempérer les écarts. Si nous ajoutons à ces puissantes considérations, qu'une telle Chambre est là, naturellement placée pour neutraliser l'influence et l'usurpation des grands corps de l'Etat, pour paralyser les intrigues et les machinations de ces courtisans qui pullulent autour de tous les Rois, et dont les perfides conseils égarent même les plus sages ; si l'on considère que comme haute Cour judiciaire, une telle Chambre est encore destinée à juger les Ministres traîtres ou prévaricateurs : on se demande si un Corps inamovible dans la main du pouvoir remplira bien les conditions d'indépendance voulue en pareil cas, et nous dotera définitivement de cette responsabilité ministérielle si impatiemment et depuis si long-temps attendue ?

Mais indépendamment de ces grandes questions, si souvent discutées dans d'autres circonstances et par des hommes qui leur ont depuis long-temps imposé toute l'autorité de leurs noms et de leurs talens, il existe des considérations d'un ordre nouveau, dont l'importance et la gravité appellent un remède prompt et infaillible, qui puisse neutraliser le dissolvant social que répand chaque jour une propagande audacieuse, servie par d'habiles et féconds écrivains. Suivant les erremens des premiers Chrétiens, dans leurs efforts de destruction contre l'Empire romain, on les voit chaque jour attaquer l'hérédité dans son essence, dans son unité fondamentale, la propriété. Pense-t-on que ceux qui prêchent la suppression de l'hérédité des biens, puissent respecter l'hérédité du trône et celle d'un pouvoir législatif héréditaire quelconque ? Ici encore nous retrouvons l'hérédité homogène et solidaire. Loin de l'affaiblir il faut donc lui porter secours. Le polythéisme ne fut à le bien prendre que la divinisation, chez les Anciens, de l'ordre politique lui-même. Ce mythe renferme véritablement, d'après le système de M. Ballanche, une pondération juste et rationnelle entre le principe fatal et le principe volitif. Jadis, comme aujourd'hui, on en appelait aux prolétaires contre l'ordre politique mixte et régulier, seul propre à tout gouverner ; jadis comme aujourd'hui, on prêchait un dogme d'égalité absolue dont on s'est beaucoup écarté depuis. Mais, à aucune époque de notre histoire, on n'a vu un plan aussi bien conçu, des moyens aussi généraux et aussi bien combinés, pour atteindre le but qu'on se propose. La souveraineté du Peuple et la loi agraire ont leurs dogmes religieux et politiques, leurs organes, leurs interprètes; leur législation est chaque jour développée dans des écrits et dans des journaux qui circulent incessamment jusqu'aux extrémités du pays. Si leurs propagateurs actuels ne voient dans leurs opinions qu'un moyen, ils ne prévoient pas que les masses ont assez d'intelligence pour y voir un but; et l'application de ces principes funestes serait probablement arrachée à ceux qui croient en vain pouvoir maîtriser à volonté les élémens qu'ils auront mis en fermentation. Qu'on y prenne donc bien garde, une première concession sur l'hérédité peut en amener bien d'autres. En vain vous êtes habiles, vos adversaires dans cette question, sont à la fois habiles et conséquens; ils s'adressent de plus à des auditeurs qui entendent à demi-mot. On prétend, pour justifier certaines questions, que l'esprit aristocratique est généralement éteint en France. Assurément ce principe affublé ainsi qu'on nous le dépeint, sous les grotesques habits du quinzième siècle, avec son langage, ses abus et ses ridicules, n'est qu'un lieu commun dont tout le monde use, écrivains et autres; c'est un petit artifice de vanité et d'égoïsme qui sert de transition aux caresses que l'on s'apprête à faire à son mérite, à sa naissance et à la classe à laquelle on appartient, pour lui assigner désormais la supériorité sociale sur toutes les autres. Des rangs au-dessus de soi on n'en veut aucuns; au-dessous, c'est différent. L'esprit aristocratique est aussi puissant en France qu'il le fut jamais; il ne s'agit que de le rechercher sous sa forme moderne, et on le rencontre partout. C'est précisément son extrême susceptibilité, excitée jusque dans les extrémités les plus infimes du corps social, par la possibilité où tout le monde s'est vu long-temps en France de prétendre à toutes sortes de dignités, qui fait que notre orgueil et notre vanité se révoltent ensemble contre toute institution destinée à fixer des distinctions quelconques.

Du reste, les faits et toujours ces faits irrécusables et probans, qui confondent aisément toutes les subtilités de l'école, sont encore là tout palpitans, pour prouver que même dans les momens les plus critiques de nos troubles et de nos sanglantes discordes, les démagogues les plus exagérés, les plus chauds partisans de la liberté et de l'égalité, le cœur encore tout brulant du feu sacré, et les mains toutes fumantes du sang des victimes; non-seulement ne parvinrent pas à déraciner en France le goût de ces distinctions qu'ils proscrivaient, mais encore, ô contradiction! qu'ils furent des premiers à revêtir les livrées aristocratiques. Qui n'a vu sous Bonaparte les fils des plus obscurs artisans parvenus aux grades les plus élevés, rechercher les titres de toute espèce, les priser au plus haut prix, créer des majorats et donner ainsi une nouvelle noblesse à la France républicaine, à la grande satisfaction de leurs familles ébahies, qui de retour dans leurs échoppes et leurs chaumières, s'enorgueillissaient près de leurs pauvres voisins, en pensant que quelques-uns des nobles rayons de la gloire de leurs parens les comtes et barons, resplendissaient sur eux de tout leur éclat.

Sous la restauration, les plus fougueux membres de l'opposition n'ont-ils pas fléchi à leur tour pour des titres et des rangs? Ces banquiers si vains et si fiers, ces publicains si orgueilleux, ne coururent-ils pas aux présentations de la Cour, pour y mendier des faveurs et des rubans? A l'hôtel de ville M. Lafayette ne nous apprend-il pas que les deux partis qui existaient ont transigé en faveur d'un troisième? et n'a-t-on pas vu les bâtons de maréchal, les titres, les cordons, les honneurs, les pensions, aplanir toutes les difficultés et pleuvoir sur les héros de la liberté? Les héros de l'égalité eux-mêmes ne sont-ils pas chevaliers à leur tour, formant ainsi un ordre à part du peuple ayant ses décorations et ses sermens particuliers? Dans les provinces, la plupart de nos démocrates, de nos libéraux par excellence, ont été décorés, anoblis, créés chevaliers ou barons? M. Dupont de l'Eure lui-même n'a-t-il pas enfin signé des majorats? Si de ces sommités nous redescendons encore au milieu du peuple, de ce peuple proprement dit, du peuple des temples et du théâtre, nous y retrouvons ce même amour, ce même enthousiasme pour les grands noms de notre Histoire et pour toutes les illustrations de la patrie, tant anciennes que modernes; il ne varie que dans le choix de ses idoles. Les villes et les campagnes sont pour la plupart, ainsi partagées dans leurs affections, tout en offrant les mêmes traits caractéristiques. Il n'est pas jusqu'à ceux que des faits ou des écrits antécédens engagent dans des théories contraires, qui ne se démentent chaque jour et dans les moindres évènemens; la mobilité de ceux-ci et une foule de circonstances récentes ont démontré jusqu'à l'évidence le mensonge ou l'inconséquence de leurs doctrines. Si ce ne sont pas là les preuves de l'esprit aristocratique, et encore du plus invétéré, alors je n'y connais plus rien. Créer une assemblée législative inamovible au milieu de ces mille supériorités rivales, c'est leur ouvrir carrière pour lutter de bassesse et de servilité auprès du pouvoir distributeur des dignités; c'est préparer ainsi que par le passé, le despotisme et la tyrannie. Mon opinion dût-elle paraître un paradoxe aux yeux de beaucoup de gens, je prétends que dans la situation actuelle, une Chambre héréditaire est le rempart le plus assuré contre les envahissemens du pouvoir. Que l'on songe en effet que le Gouvernement dispose de 1600 millions d'impôts annuels et de 500 mille hommes, et qu'on me dise d'après cela comment une assemblée inamovible et une chambre élective pourront rester en garde contre les violences et les séductions?

Une assemblée héréditaire organise au contraire l'aristocratie, elle la classe, avec justice et prudence: en usant à son égard d'une grande et généreuse impartialité, et en soumettant toutes les conditions de son existence aux exigences de la liberté sous l'empire de laquelle nous vivons; on est sûr qu'elle nous préservera désormais de ces mouvemens désordonnés et tumultueux qui poussent les générations les unes contre les autres, pour s'entre-dévorer, en leur faisant considérer toute révolution nouvelle comme un vaste champ de bataille où chacun doit se jeter dans la mêlée avec un insatiable désir d'honneurs, de richesses et de célébrité.

Dans de semblables circonstances, que faisaient Richelieu, Bonaparte, Louis XVIII? Ils enchaînaient les grands à la Cour, à l'armée, à la tribune; et là, les esprits inquiets, turbulens, dangereux, trouvaient à dépenser leur orgueil, leurs talens, leurs richesses, le tout au profit de l'Etat dont ils eussent peut-être troublé le repos ou déchiré le sein, s'ils eussent vécu éloignés des regards du prince, et en dehors de l'action gouvernementale; et si surtout ils eussent été méprisés, avilis, persécutés par d'imprudens ou d'inhabiles ministres. En politique il ne faut pas seulement consulter les goûts et les affections; il ne faut pas vivre que pour soi et pour ses amis; un rêve aussi doux a souvent causé plus d'un terrible réveil; il faut savoir à propos, et quand le sort de l'Etat l'exige, commander jusqu'à ses ennemis eux-mêmes, par les lois, la puissance ou les bienfaits. Qui ne sait, ne veut, ou ne peut accomplir de telles choses, n'est pas digne de régner. Naguères, pour aplanir ces obstacles, on ne sut rien employer de mieux que les proscriptions et les échafauds; les auteurs de ces horribles mesures ne furent pas des hommes, encore moins des politiques, ce furent des monstres; et pourtant aujourd'hui ils trouvent des imitateurs, d'épouvantables complices qui vous proposent de sang-froid l'emploi de ces atroces moyens.

A part donc la politique de principe, la politique raisonneuse et systématique, il y a encore ici la politique du nombre et de la puissance, de la puissance à la fois morale et matérielle dans toute sa force. Il faudra pourtant en finir; comment gouvernerez-vous donc alors d'après un système qui, en adoptant une seconde Chambre inamovible, laissera en-dehors toute l'ancienne noblesse, la noblesse de Bonaparte, tous les individus appartenant aux divers ordres supprimés, le clergé, la grande propriété, opposition au moins toute passive et qui vous menacera d'en haut ; tandis qu'en bas seront toujours prêtes à l'escalade ces masses inintelligentes à la vérité, mais poussées en avant, stimulées par une foule d'esprits mécontens dont on a méconnu les droits politiques, esprits avides, impatiens de gloire et de fortune, et toujours prêts à s'aventurer au premier souffle des innovations et des tempêtes ? N'aurez-vous à opposer à tant d'ennemis que votre phalange des deux cents mille privilégiés de l'électorat : cohorte dont la discipline n'a même pas su être compacte à la bataille des élections? Vous aurez beau faire des efforts pour asseoir votre édifice, vous construirez ainsi un monument sans base. La force et la terreur peuvent, à la vérité, soutenir quelque temps une œuvre incomplète ; mais ainsi que ces équilibristes qui une fois lancés, n'osent plus s'arrêter, et qui continuent à se mouvoir avec violence pour se maintenir debout, vous tomberez pour ne plus vous relever, au moment du calme et du repos.

Pour conjurer donc tous les dangers qui nous environnent, sans entrer dans la voie périlleuse des exceptions et de la force brutale, qui, en définitive, ne préparent à tous les pouvoirs qui en usent, que ruine et destruction; nous conseillerions volontiers au Gouvernement de proposer franchement une transaction à la fois grande et généreuse à tous les intérêts, ainsi qu'à toutes les opinions. Que l'on évite de donner à cette mesure l'apparence quelconque d'une victoire imposée par des vainqueurs à des vaincus, par des oppresseurs à des opprimés ; mais qu'on la considère comme l'héritage commun d'une liberté sage et réglée, équitablement distribuée entre tous les enfans d'une même famille. Que l'on accorde ainsi qu'à tous puissance et liberté, dans la proportion de leurs droits, à ceux-là même qui, dans une situation identique, leur eussent peut-être refusé liberté et puissance ; et alors vous aurez fait un grand pas vers le rapprochement et la réunion de toutes les opinions en France. Pour cela faire, que le Ministre présente aux Chambres, et en même temps, deux lois :

L'une, portant la création d'une Chambre héréditaire, où toutes nos illustrations anciennes et modernes avec leurs droits acquis, soient rigoureusement et scrupuleusement admises, sans acception d'opinion, d'origine, de temps et de lieux ; que la loi stipule qu'au Roi seul appartient désormais le droit de nommer les pairs, lors des vacances, du nombre prescrit et limité ; mais à la condition de les choisir proportionnellement dans chaque département, de telle sorte que moitié soient pris dans la grande propriété, et l'autre moitié parmi les illustrations militaires, scientifiques, industrielles, etc.

Que l'on supprime enfin, et c'est ici surtout que la Chambre des Députés a le droit d'intervenir, toutes ces sinécures, pensions sénatoriales et autres, et que l'on se borne à l'avenir à assurer la seule indépendance à ceux des membres de la Chambre qui ne justifieraient pas dix mille livres de rente, chiffre qui selon nous doit placer l'homme en France dans une situation honorable. Il sera juste, en cette circonstance, et ainsi que nous allons le prouver ci-après, de s'occuper aussi de l'indemnité à accorder aux Députés dont l'existence ne serait pas assurée. Que la seconde de ces deux lois nous donne enfin des conditions aussi larges que voulues d'électorat et d'éligibilité; que l'on embrasse dans ce système, sans crainte et sans ambiguïté, toutes ces positions sociales qui ont l'intelligence de la chose publique; que l'on s'empresse d'inscrire dans la loi toute la seconde liste du Jury, toutes les capacités légales, sauf celles cependant qui exercent un monopole ou un privilège quelconque; les officiers des gardes nationales, les conseillers municipaux, d'arrondissement et de département. Que l'on n'impose enfin aucune condition d'éligibilité, et l'on aura ainsi légalisé, coordonné, dirigé toute la force démocratique au profit de la liberté et de la Charte constitutionnelle. Que maintenant, en présence des intérêts populaires, aussi fortement, aussi habilement constitués, apparaisse une Chambre héréditaire telle quelle, embrassant dans son ensemble toutes les supériorités, toutes les illustrations, toutes les conditions aristocratiques quelconques, et les pouvoirs vivront bien alors de leur existence, de leurs intérêts et de leurs opinions propres.

Le pouvoir royal, placé au faîte, comme pouvoir à la fois actif et modérateur, n'aura plus à aviser qu'à une pondération juste et modérée entre les grands corps de l'Etat, représentant eux-mêmes tous les élémens dont la société se compose. Nuls alors ne se trouveront en-dehors de la sphère d'action gouvernementale, à l'exception des individualités, que n'auront pu vaincre ou persuader les besoins ou les dangers de la patrie, et qui, de tout temps, esprits vicieux ou corrompus, ont conspiré contre le repos de la France. Les dangers alors seront faibles et visibles. Peu parmi les Français, dignes de porter ce nom, ne voudront renoncer à leurs droits, et beaucoup au contraire seront disposés à faire à leur pays le sacrifice de leurs opinions, en retour des bienfaits qu'on leur offrirait. Les évènemens ont jeté hors des voies gouvernementales une foule d'individualités que les exagérations des partis et de la presse surtout, ont poursuivis de leurs déclamations et de leurs menaces, soit à cause de leurs antécédens, soit à cause de leurs noms et de leur origine; le gouvernement est peut-être resté trop neutre au milieu de ces persécutions qui ont beaucoup grossi le nombre de ces ennemis, celui des mécontens, et qui ont jeté en apparence et en réalité dans les bras des factieux et des intrigans, une foule de gens qu'une protection plus ferme et plus efficace, une justice et une impartialité judiciaire et administrative, mieux entendues, eussent facilement rapprochés du pouvoir, ce qui désormais ne peut plus être que l'œuvre de la législation. Qu'on s'empresse donc de proclamer les mesures que nous indiquons, et nous avons l'intime persuasion que la majeure partie des gens sages, modérés, consciencieux et véritablement patriotes, à quelques opinions qu'ils appartiennent ou ayent appartenu, se rallieront franchement à un Gouvernement dont le bonheur, l'union et la liberté de tous les Français seraient bien évidemment désormais le but unique.

SUR L'INSTRUCTION PUBLIQUE.

L'INSTRUCTION publique fut originairement organisée dans un but à la fois gouvernemental et fiscal. Despotisme et monopole, telle fut et telle est encore sa devise chérie. Ce qui en rendit les moyens plus supportables et moins odieux, ce furent les instrumens dont on sut habilement se servir. Tous les débris des vieux corps enseignans, des corporations et des ordres religieux de toute espèce qui voulurent bien se soumettre au système d'alors, furent recueillis et placés avec soin. Ce choix si important dans tout Gouvernement, des hommes forts et capables, l'est bien plus encore sous le despotisme, puisqu'il en est véritablement le principe unique, le principe vital. On peut dire que sous ce rapport le chef de ce Gouvernement se connaissait en hommes : il ne dédaignait, ne repoussait aucun de ceux qu'on lui signalait comme habiles en tout genre. Bien plus, il alla souvent jusqu'à les arracher à l'isolement et à l'obscurité dans laquelle ils vivaient, pour les classer suivant la nature de leurs talens, s'appliquant de la sorte à accorder ensemble les intérêts particuliers avec ceux de son pouvoir suprême.

L'instruction publique ne fut à cette époque qu'une des mille conséquences du principe qui présidait au Gouvernement. L'instruction publique ne fut donc pas alors une illégalité, une inconstitutionnalité. Mais avoir conservé identiquement la même organisation sous l'empire de notre Charte constitutionnelle, fut plus qu'une anomalie, ce fut une choquante et monstrueuse contradiction. Je crois qu'il faut particulièrement en accuser la conservation au pouvoir de tous les hommes éminens dans cette partie, que l'empire nous légua. En vain les réclamations et les plaintes plurent-elles de toutes parts, on nous répondit à des principes par des noms propres, on fit entrer dans l'enseignement quelques-uns des plus puissans opposans, et particulièrement quelques membres influens du clergé; et les abus continuèrent comme par le passé. Lors de la révolution de juillet, la même tactique eut lieu en sens contraire; MM. tels et tels furent nommés, ministres, dignitaires, recteurs et autres, à la place de MM. tels et tels, et tout fut dit, la France dut être satisfaite. Dans cette circonstance, la Chambre des députés montra la même faiblesse, la même complicité en faveur du pouvoir; elle nous laissa livrés aux mêmes abus : elle aurait pu cependant, il nous semble, proposer d'après les lumières des spécialités qu'elle renfermait, quelques mesures transitoires destinées à expérimenter quelques-uns des systèmes préconisés, jusqu'à la session suivante; cette expérience d'une année eût au moins servi concurremment d'épreuve indicative pour la direction la plus convenable à suivre par la suite.

Des commissions ont souvent été instituées, et il en existe une en ce moment, chargée de faire un rapport sur cette matière : espérons que ses travaux seront moins stériles que ceux de ses devanciers; les noms de quelques-uns des membres qui la composent, en sont du moins garans. Puisse aussi une entière indépendance présider aux décisions de cette commission, et lui inspirer une distribution plus juste et plus égale de l'enseignement en France! car, sous beaucoup de rapports, les départemens en sont véritablement déshérités.

En attendant que l'initiative du Gouvernement ou des Chambres nous apprenne jusqu'où leur sollicitude s'est étendue à ce sujet, nous allons risquer quelques opinions personnelles concernant cette matière; opinions dont l'origine remontant pour nous à plusieurs années, non-seulement n'ont point vu s'affaiblir la conviction qu'elles nous avaient inspirées, mais encore se sont trouvées fortifiées de toute la puissance des évènemens, et de tous les avantages de la comparaison.

La première chose à laquelle il faille avant tout songer dans l'enseignement, c'est à la séparation profonde de l'administration, de la juridiction et du corps enseignant proprement dit; il faut avant tout que l'on fasse cesser la confusion qui règne à la fois dans la législation et la hiérarchie du régime universitaire actuel. Voilà les moyens que nous indiquerions à cet effet, comme un remède prompt et efficace.

Diviser l'instruction publique en trois corps bien

distincts : le corps administratif, le corps judiciaire et le corps enseignant, de manière à ce que chacun d'eux ait des attributions et des distinctions bien tranchées ; le tout réglé, défini et garanti par des lois. A la tête de l'instruction publique, dans l'ordre de la hiérarchie commune, un ministère responsable, centre, unité, où vienne aboutir, converger tout ce qui est relatif à l'instruction publique, administration générale, comptabilité, juridiction, personnel, enseignement de tous les degrés ; de telle sorte que les élémens généraux de tout ce qui concerne l'instruction publique, puissent être recueillis, rassemblés, combinés de façon à fournir tous les matériaux destinés à être mis en œuvre pour parfaire une législation spéciale ; progressive, absolument en harmonie et avec les besoins des générations actuelles, et avec nos institutions constitutionnelles. Près de chaque chef-lieu d'académie, de département, d'arrondissement, et plus ou moins, si on le juge convenable ; des délégués chargés de faire exécuter et respecter les lois au nom du Souverain, et d'en poursuivre les infractions devant des tribunaux *ad hoc* jouissant des mêmes garanties et de la même indépendance que nos juridictions civiles, auxquelles nous croirions même utile qu'elles fussent en tout assimilées, bien que le personnel nous semblât devoir en être exclusivement choisi parmi les spécialités. Si nous ajoutons à cette hiérarchie des agens comptables relevant de l'administration, nous aurons en peu de mots complété tout ce qui concerne l'administration et la juridiction de l'instruction publique. Quant aux corps enseignans, que nous désirons avant tout, voir purgés de toute attribution administrative et judiciaire.

Nous voudrions qu'on en fît un corps homogène lié par les seuls rapports de la science et de la vérité, s'élevant dans une progression ascendante, avec la plus entière liberté, liberté destinée à ne fléchir désormais qu'au nom de la loi: un corps enseignant ainsi constitué serait bien alors digne de travailler à l'émancipation générale des facultés humaines. C'est donc une université dans la rigoureuse acception du mot, que nous avons ici pour but de fonder. Conséquemment, au sommet de la hiérarchie un enseignement universitaire, foyer de lumière, source unique et féconde de toutes les connaissances humaines, établi au centre et ayant pour interprètes les hommes les plus éminens dans les diverses parties des lettres; supériorités que selon nous, on devrait choisir autant que possible, dans toutes les académies et corps enseignans de France; afin que ce haut enseignement, destiné à peupler nos académies de sujets dignes de répandre les connaissances universelles, offrît lui-même une réunion de talens, et d'expériences placées à un degré d'illustration, conforme à la noble mission qui lui serait confiée.

Que maintenant on établisse dans chaque chef-lieu d'académie, non plus une académie telle qu'elle existe, véritable déception qui n'impose plus à personne, et qui apparaît ce qu'elle est, un instrument fiscal et gouvernemental, pitoyable et grossier, dont le titre ridicule d'académique n'est propre qu'à faire ressortir plus plaisamment encore les chétifs personnages qu'on affuble parfois du titre pompeux de recteurs, et autres. Il faut, en un mot, que l'on réhabilite nos académies, qu'on leur restitue leurs droits et leurs prérogatives ; que désormais une académie soit un corps enseignant avec ses quatre facultés, auxquelles on adjoindra, s'il le faut, certaines écoles normales et spéciales en rapport avec les nouveaux besoins que les temps ont créés. Il faut que l'on purge aussi les académies de toutes attributions administratives et judiciaires, pour les laisser seules juges des capacités ; et l'on aura de la sorte fait un grand pas vers des améliorations utiles.

L'enseignement classique, à quelque direction qu'il soit confié, qu'il soit sous la direction de particuliers, d'associations, ou sous la direction du Gouvernement lui-même, n'en doit pas moins être soumis à la législation commune. Du moment que vous exercez une industrie, vous devez nécessairement entrer en concurrence égale avec les industries rivales quelles qu'elles soient; et qui que vous soyez, vous devez subir ainsi qu'elles toutes les conditions légales auxquelles elles se trouvent soumises, et supporter de même toutes les charges qu'elles supportent. Le seul monopole, le seul privilège auquel vous ayez ainsi que tous, le seul droit de prétendre, consisterait désormais dans le choix et la perfection des méthodes et des agens de l'administration, et surtout dans la modicité et la réduction des prix. Envisagé sous ces divers rapports, nous pourrons alors dire avec raison que nous possédons la liberté de l'enseignement.

Sous les divers points de vue précédens, l'enseignement dit élémentaire, ne doit aussi être régi que par les lois. Mais nous ferons observer de plus à son sujet, que le Gouvernement ne doit pas se borner aux secours rares et minimes qu'il accorde si difficilement aux associations religieuses, communales, ou particulières; mais que depuis la révolution, plus impérieusement encore, il doit à ce peuple en échange des lourds tributs qu'il lui impose, et des sacrifices dont on l'accable, une instruction gratuite, généralement et abondamment répandue.

Ainsi donc, en somme, le corps enseignant comprendrait quatre grandes divisions enseignantes, savoir : 1.° l'enseignement élémentaire, 2.° l'enseignement classique, 3.° l'enseignement académique, 4.° l'enseignement universitaire; indépendamment de certaines subdivisions et spécialités qu'il est facile et indispensable de faire rentrer dans notre classification. Conséquemment pour la hiérarchie, quatre ordres de professeurs jouissant de titres, droits et privilèges divers, mais concourant néanmoins au même but, l'enseignement universel; hiérarchie uniquement soumise, du reste, dans sa marche progressive ascendante, à la seule dépendance légale, et n'admettant pour distinctions relatives que celles assignées par les capacités acquises et garanties par la loi. Admettez maintenant un Code général renfermant pour chacune de ces divisions, les mesures organisatrices, disciplinaires et pénales qui leur sont applicables dans toutes les circonstances données; et vous avez en définitive les moyens de fonder une législation régulière, au milieu de ce chaos, de ce fatras d'ordonnances, de décrets, d'arrêtés incohérens et contradictoires, légués par vingt Gouvernemens successifs, et auxquels chacun emprunte çà et là ce qui convient le mieux aux petits intérêts et aux petites passions des chefs subalternes, ainsi qu'à l'arbitraire et au despotisme de l'administration supérieure. C'est donc moins ici une innovation que nous proposons, qu'un moyen de coordonner hommes et choses, tant d'élémens confus et disparates, afin de constituer enfin l'instruction publique d'une manière utile à la fois et aux progrès de la science et à l'intérêt de ceux qui la cultivent.

S'il nous fallait énumérer les avantages que toutes les classes de l'Etat sont appelées à retirer d'un systême plus convenablement organisé, il ne s'agirait que de démontrer ici les besoins généraux d'une instruction appropriée; il suffirait de présenter la statistique des communes en France qui manquent encore d'écoles primaires ; de constater l'insuffisance et la faiblesse de l'enseignement classique, ainsi que les chétifs résultats qu'on en obtient. Quant à l'enseignement académique, il serait facile de prouver que les seuls établissemens de ce genre qui existent, ne suffisent plus aux besoins d'instruction d'une population allant toujours croissant et en nombre et en richesses. On prouverait encore que l'enseignement académique plus largement distribué, offrirait un moyen facile de classer selon leurs besoins une foule d'esprits éclairés, impatiens de se distinguer et de se produire; tandis que l'abandon dans lequel on les laisse languir, les jette imprudemment en-dehors des voies qu'ils étaient appelés à suivre. La province renferme sous ces divers rapports une multitude d'individus dont les talens seraient aussi précieux à l'enseignement qu'utiles à la fois à la science et au pays; lesquels végètent dans l'oubli ou se précipitent dans la carrière de la politique, avec tout le dégoût et le mécontentement de leur position, tout le vague, le désordre, tout l'abstractif de leurs théories, de leurs systêmes; ce qui tend à ne faire bientôt plus de cette science que l'œuvre la plus inintelligible, le chaos le plus ténébreux qui soit jamais sorti des plus faibles cervelles humaines. Aussi est-il démontré pour moi que du jour où l'on aura agrandi, selon les besoins sociaux, les voies de l'enseignement, de l'ordre judiciaire et d'une foule d'autres parties tant administratives que politiques: lorsqu'en un mot on aura jugé qu'il est temps de gouverner, on aura enfin résolu le grand problême de nos gouvernemens modernes. Bien que constituées ainsi, les académies, en suffisant à une multitude de besoins locaux, et en centralisant dans la province une grande partie de notre jeunesse, n'empêcheront pas la capitale d'attirer à soi un grand nombre de jeunes gens avides d'aller puiser aux sources fécondes d'un enseignement à la fois plus complet et plus varié qu'en aucun autre lieu du monde. Si la vanité et l'attrait des plaisirs ne suffisaient pas encore pour fixer à Paris tous ceux que les besoins de l'esprit et les jouissances du luxe y attirent de toutes parts; cet enseignement universitaire, dont nous avons parlé, transition indispensable pour acquérir les titres et les droits dans les diverses parties du haut enseignement ; cet enseignement répandu chaque jour par les hommes les plus éminens et les plus distingués dans toutes les parties des connaissances humaines, serait un moyen plus qu'infaillible pour centraliser à Paris l'élite de la jeunesse française. La prééminence la plus juste et la plus incontestable lui est donc toujours acquise d'après notre propre systême. Cette ville y gagnera même encore, en ce sens qu'une foule de jeunes gens téméraires, aventureux, passionnés, qui, dans leurs rêves de fortune et de succès, ne venaient à Paris que pour jouer leur existence contre les moindres évènemens, ne pourront plus mettre à contribution la tendresse, l'aveuglement ou l'ignorance de leurs parens, assurés qu'ils seront d'avoir près d'eux les moyens de leur donner une instruction plus en rapport avec leur situation et plus propre à faire leur bonheur : jeunes aveugles qui venaient étourdiment joûter d'intrigue, d'audace et d'excès, avec cette tourbe d'intrigans, de voleurs et d'espions dont pullullent toutes les grandes cités, assemblage immonde de vices et de vertus, d'innocence et de corruption, de savoir et de charlatanisme.

Ainsi donc, de quelque manière que l'on considère les avantages que nous venons d'énumérer, soit qu'on les invisage sous les rapports de la science, du corps enseignant, ou des besoins généraux, soit qu'on les considère dans leurs rapports politiques et législatifs, on est forcé de confesser des améliorations qui, en définitive, en satisfaisant aux intérêts de tous, coordonnent en même temps tous les élémens actuels de manière à ne porter aucune atteinte à leurs droits respectifs.

SUR L'ORGANISATION JUDICIAIRE.

Les journaux viennent de nous révéler une chose pressentie depuis long-temps par les esprits attentifs aux véritables causes des évènemens, ainsi qu'aux mouvemens significatifs de l'opinion. M. Viennet est, dit-on, chargé d'annoncer au Gouvernement que, d'accord avec les députations d'un grand nombre de départemens du midi, il se propose de demander la suppression de l'inamovibilité des fonctions judiciaires; se fondant entr'autres considérations importantes sur l'esprit d'opposition hostile dont les tribunaux de ces contrées sont animés contre l'ordre de choses actuel.

Depuis long-temps aussi, la presse et quelques publicistes avec elle, avaient récapitulé leurs griefs contre l'inamovibilité. Il leur semblait étrange que, seule au milieu des débris de la légitimité, et de tous les grands corps, de tous les ordres de l'Etat, l'inamovibilité ait pu survivre. On se demandait si cette magistrature n'était pas la même qui fut si docile à toutes les volontés de la monarchie légitime; si docile aux réactions de 1815; si dévouée à tous les ministères qui se sont succédés depuis Blacas jusqu'à Villèle inclusivement. On rappelait que nos inamovibles peuplèrent les Cours prévôtales du temps; que par leurs arrêts sévères, les écrivains indépendans et libéraux furent proscrits et persécutés, et que si plus tard, sur la fin du pouvoir Villèle, ils lâchèrent la bride au journalisme, ce ne fut que de l'instant où Peyronnet annonça la réforme et la réduction des tribunaux. On rappelait encore que ce fut grâce à leurs condamnations, que le bourreau versa de ses mains, sur la terre de France, le sang des martyrs de la liberté! On rappelait enfin que, moins habile, moins ingénieux à trouver les coupables auteurs de ces épouvantables incendies qui ont dévoré la France, que les fils obscurs de tant de conspirations imaginaires, le crime est resté impuni, la justice impuissante contre l'attentat le plus inoui, le plus monstrueux qui ait jamais effrayé un peuple! A quoi sert donc, a-t-on dit, une magistrature à qui peut échapper la trame d'un aussi horrible complot, d'un complot aussi vaste, aussi étendu, et dont les agens ont dû être si nombreux et si répandus, les moyens si évidens et si saisissables? Qu'importe ici la position, le nom, la qualité des coupables? Si vous les savez, nulle considération humaine ne doit fermer votre bouche; leurs auteurs doivent être livrés à la vengeance des lois, ainsi qu'à l'exécration des siècles futurs. Si vous n'avez rien pu découvrir, retirez-vous, votre pouvoir est fini; ainsi donc, lâcheté ou impuissance, choisissez; quant à la peine, elle doit être la même, retirez-vous. Ne l'avez vous pas senti le jour où, admonesté dans le sanctuaire de la justice, injurié, menacé, poursuivi par le peuple, vilipendé par les factions dans vingt endroits de la France, on semblait prendre à tâche de vous faire expier, au nom de la liberté, les coups que vous lui aviez portés, les blessures que vous lui aviez faites, au nom du despotisme? Vous ne l'avez pas compris; eh bien! cependant, de ce jour votre pouvoir moral avait cessé d'exister; de ce jour l'inamovibilité était détruite.

Qu'est-ce en effet que l'inamovibilité considérée sous ces divers rapports, sinon le chef-d'œuvre moderne de l'indifférence, du scepticisme ou du cynisme en matière politique, dont l'*impavidum ferient ruinæ*, est la devise. L'inamovibilité ne s'est-elle pas assise en effet sur les ruines de vingt pouvoirs déchus, avec la même part au budget, la même docilité aux sermens? Il est d'heureux inamovibles qui, depuis l'origine, ne se sont levés que pour aller dîner et pour prêter foi et hommage! Consciences faciles et robustes, qu'aucune révolution n'ébranle, qu'aucune foi n'engage, ils vous répondent à tout: ne sommes-nous pas inamovibles? Que les peuples succombent, que les trônes s'écroulent, que les nations soient libres ou asservies, qu'elles soient dans le malheur ou la prospérité, ils sont toujours là, inamovibles envers et contre tous. L'inamovible est un composé bisarre qui n'est ni citoyen, ni soldat, ni légitimiste, ni républicain, ni napoléoniste; l'inamovible est *inamovibiliste*, et rien de plus, rien de moins. On peut le définir la personnification incarnée du principe fatal de M. Ballanche: fatal comme le destin, fatal comme un budget, fatal comme lui-même. Cependant, il faut l'avouer, cette fatalité prolongée pèse et pèse beaucoup surtout aux contribuables. De tout ce qui précède il faudrait conclure que, rechercher ainsi les abus pour le seul plaisir de les signaler et de les flétrir, ne serait qu'un travail triste et stérile, si l'on n'était dirigé par le désir ardent d'apporter quelque soulagement aux maux que l'on indique; c'est dans cette intention que nous allons offrir quelques moyens de suppléer la constitution judiciaire actuelle, sans rien préjuger néanmoins sur les décisions législatives à cet égard.

Deux moyens simples et faciles se présentent à la fois; le premier consisterait à retremper la magistrature, en lui donnant une extension, un éclat, propre à la tirer de cette voie étroite et chicanière où on l'a originairement enfermée, et qui aurait pour but d'incorporer dans les tribunaux de toutes hiérarchies, et tels qu'ils existent actuellement, les juridictions administratives du Conseil-d'Etat et des conseils de préfecture; les juridictions de l'instruction publique; la juridiction militaire, préalablement divisée à l'intérieur et en temps de paix, en disciplinaire et pénale, l'une appartenant au corps, et l'autre aux tribunaux. Enfin, si on le jugeait convenable, ce qui serait peut-être aussi juste que politique, une juridiction canonique. Ce serait aussi l'occasion d'étendre la juridiction des juges de paix, chose généralement réclamée, et qui profiterait évidemment à la justice et aux justiciables: toutes ces juridictions diverses confondues désormais dans une unité judiciaire complète, jouissant des mêmes garanties et de la même indépendance, puiseraient leur personnel dans leurs spécialités respectives.

Un second moyen, plus efficace, plus radical encore que le précédent, consisterait à supprimer l'inamovibilité ; non pas pour en revenir à l'amovibilité, mais pour les remplacer l'une et l'autre par des spécialités prises successivement, et pour ainsi dire, à l'instar des tribunaux de Commerce, sur un tableau où seraient absolument inscrites toutes les capacités en matière de législation ; c'est-à-dire, tous les juges actuels, ayant exercé ou exerçant encore, en vertu de nominations légales ; tous les avocats et autres possédant des titres légalement acquis. L'âge seul servirait à établir les hiérarchies judiciaires. Toutes ces fonctions, bien entendu, seraient absolument gratuites et obligatoires, annuelles ou périodiques : enfin, à leur sommet, et si on le jugeait encore utile, une juridiction souveraine pourvue de l'inamovibilité, mais où l'on devrait nécessairement admettre toutes les supériorités judiciaires du pays.

Nous nous abstiendrons de faire ressortir ici tous les avantages d'une institution judiciaire ainsi conçue. Nous nous bornerons simplement à faire remarquer quelle voie plus large serait désormais ouverte à tant de talens impatiens de se produire, et qu'on trouverait ainsi moyen d'utiliser fructueusement, en les ralliant, en les rattachant de la sorte au Gouvernement de la France. Cette foule d'esprits jeunes, ardens, avides de dire et de faire, agrandirait et moraliserait à la fois les principes féconds de nos législations modernes. Aujourd'hui juge, et demain jugé, rentrant au sein même de la société, aucun d'eux n'oserait faillir aux premières lois d'honneur et d'équité; différens en cela de nos juges modernes qui, à l'abri de l'inamovibilité, peuvent impunément forfaire au devoir. A ces avantages incontestables qui peupleraient incessamment nos tribunaux de cette élite d'avocats dont les travaux divers et les débats journaliers exercent l'éloquence et la judiciaire, en raison inverse de ces inamovibles si nonchalamment endormis entre l'hermine et la paresse, et qui dans leur indolente confiance, ou dans leur religieux respect pour la confraternité, confirment le plus souvent des arrêts qui, mieux épluchés, éprouveraient un sort contraire; on pourrait ajouter que désormais tout appel serait au moins une vérité. Enfin, une raison dernière et la plus forte de toutes, c'est l'énorme économie que l'Etat en éprouverait, puisque nous avons énoncé que toutes ces charges seraient gratuites, et le mot charges, assurément, serait employé ici dans toute la pureté de son expression; du reste, une telle institution ne porterait aucune atteinte à la législation générale de l'Etat ; le Code restant absolument le même. Quant aux modifications à apporter à la législation, modifications promises, elles sont absolument indépendantes de nos opinions systématiques, et portent à la fois sur la forme, l'instruction, la graduation, la sévérité, l'immoralité et l'inutilité de certaines peines afflictives.

Sous le rapport des formes, il est pénible de penser que le riche peut en toute circonstance réclamer et obtenir justice, tandis que le pauvre et l'opprimé se voient fermer tout espoir de réparation. Pour obvier à ces véritables dénis de justice, ne serait-il pas à propos qu'on abolît désormais la condition obligatoire où se trouve celui qui possède un titre sur lequel reposent toute sa fortune et toutes ses espérances, de le soumettre à l'enregistrement avant que les tribunaux aient pu prononcer sur sa validité? N'est-il pas plus révoltant encore d'être astreint à verser une somme déterminée, pour être admis à l'appel? Il serait à désirer que la législation imposât aussi un frein à cette ardeur d'arrestations, qui dévore notre jeune ministère public : je crois que le cautionnement pécuniaire et testimonial, largement appliqué, particulièrement à tous les délits politiques non criminels, ainsi qu'une sévère répression des arrestations arbitraires, seraient des moyens propres à modérer la fougue souvent inconsidérée de nos jeunes magistrats. Enfin, une définition claire et précise de l'incompatibilité pour cause de parenté, et relativement à l'invasion de la magistrature dans les fonctions administratives et municipales responsables ; ce qui les place souvent dans la situation de juge et partie : telles sont les modifications qu'il importe de faire subir au plus vîte, si l'on veut enfin d'une justice digne de ce nom.

Nous allions omettre un point important relatif à la position respective de l'accusé et du ministère public dans les débats criminels. Il serait à souhaiter en faveur de l'humanité ainsi que dans l'intérêt d'une justice plus calme et plus réfléchie, qu'on imitât chez nous la législation des Etats-Unis, à cet égard : là, l'accusé amené à l'audience et interrogé une seule fois sur sa culpabilité, n'a à répondre que oui ou non; après quoi les débats s'établissent avec toute l'adresse, la subtilité et les lumières possibles entre les témoins, les avocats et le ministère public; c'est à celui-ci à prouver son accusation. On ne voit point, ainsi que chez nous, l'homme de la loi luttant de toute la force de son intelligence, de toute la puissance de son talent, employer, pour embarrasser, pour envelopper dans les pièges qu'il lui tend, un pauvre hère, un grossier personnage, le plus souvent ignorant des mots qu'on lui adresse, toutes les finesses et les subtilités du langage; le tout à la grande satisfaction d'un auditoire composé pour la plupart du temps, de curieux, d'oisifs, de femmes élégamment parées, et qui viennent là, ainsi qu'au spectacle, par curiosité, désœuvrement, ou dans le dessein d'éprouver des émotions fortes.

A ce mot de charges gratuites, nos inamovibles vont jeter les hauts cris; et cependant cet ancien régime qu'ils affectent de mépriser, avait une magistrature gratuite. Quant à nous, nous voulons encore mieux, puisque nous bannissons de la nôtre le monopole et le privilège, en y appelant tous ceux qui auront acquis une capacité légale. Mais puisque nous en sommes sur le chapitre de l'ancien régime, qu'on nous dise donc si dans ce temps encore on eût poussé aussi loin cet esprit d'ambition avide, qui tend à tout envahir; ce népotisme, véritable aristocratie de notre époque, dont l'inamovibilité usurpe avec une si rare impudeur, jusqu'aux moindres avantages, pour les transporter sur toute sa lignée, et poser au budget deux ou trois générations, et pour peupler de nullités consanguines toute notre magistrature, au mépris des droits des hommes les plus dignes et les plus capables. Il n'est pas rare en effet de voir, soit dans la même Cour, soit dans le même ressort, une famille entière, dans les circonstances difficiles où se trouve la France, au moment où l'on réduit d'anciens serviteurs au denier de misère, cumuler six, neuf, douze, quinze, vingt mille francs et plus. Ces abus ne sont-ils pas révoltans? n'est-il pas scandaleux de voir ainsi nos inamovibles ranger avidement autour d'eux leur innombrable famille, et là, les conviant au budget de l'Etat, croire indispensable au bonheur de la France cet essaim de magistrats imberbes, sortant à peine de sur les bancs, pour usurper la place de l'expérience et de tant d'hommes instruits et modestes. Mais, dira-t-on, les anciens services rendus resteront-ils sans récompense? et si les pensions à donner neutralisent vos économies, à quoi servent donc vos réformes? Nul doute que les anciens magistrats sans fortune, n'aient droit à une retraite honorable et propre à les maintenir au rang où leur talent les a élevés. Mais attendu que tant de places lucratives, loin d'être généralement accordées aux droits et au mérite, l'ont été pour la plupart, à l'intrigue, à la faveur et à la consanguinité; attendu qu'un grand nombre de titulaires déjà riches, opulens même, n'ont pas rougi dans ces temps de calamité, de toucher toute l'intégrité de leur traitement, non-seulement sans venir au secours de l'Etat, mais encore sans avoir le cœur de concourir au vêtissement des moins aisés de cette garde citoyenne, qui veille à leur sûreté, et dont ils sont exempts ainsi que de certaines autres charges publiques; ils devront déjà se trouver heureux, dans les circonstances présentes, de ce que loin de ne leur pas accorder de retraites, on ne leur fasse pas bien plutôt rendre gorge.

Une foule d'autres améliorations réclameraient aussi l'attention du publiciste, mais nous nous en remettons à l'initiative des Chambres pour les obtenir. Nous indiquerons seulement, sommairement, la suppression des directions départementales, ainsi que leur réunion à l'administration centrale du département, où chacune de ces parties existe en rudiment. En leur donnant plus d'extension, ce serait centraliser davantage l'action gouvernementale du département; ce serait lui assurer plus de force, et apporter en définitive plus de simplicité et de célérité dans le service public. Nous ne passerons pas non plus sous silence les abus qui se sont glissés dans l'administration des finances de nos provinces. Loin d'être confiées à de vieux serviteurs, à de pauvres pères de famille qui y auraient des droits, à d'anciens militaires renvoyés avec de minces traitemens de réforme; ces places sont, la plupart du temps, la proie de propriétaires riches et influens, d'individus déjà pourvus d'autres emplois et d'autres traitemens, ces places sont trop souvent livrées à l'intrigue et à la faveur : injustices qui ne sont rien moins que propres à rendre le peuple heureux et satisfait.

Enfin, pour terminer cet ensemble de considérations politiques propres à éclairer quelques points des débats législatifs, nous allons essayer d'esquisser rapidement quelques-unes de nos idées sur la formation des conseils d'arrondissement et de département. En partant du point où nous a placés la législation municipale actuelle, nous ferions entrer comme élémens électoraux des conseils d'arrondissement, tous les conseillers municipaux et tous les électeurs du canton, lesquels seraient appelés à nommer un nombre déterminé de conseillers d'arrondissement, pris moitié parmi les conseillers municipaux de ce même canton, l'autre moitié parmi les cent plus imposés de l'arrondissement.

Quant aux conseillers de département, ils seraient à leur tour nommés par les conseillers d'arrondissement en nombre déterminé, et choisis moitié parmi ceux-ci, et moitié parmi les cinq cents plus imposés du département. Nous ne discuterons point ici les inconvéniens et les avantages de notre systême, qui nous semble concilier à la fois les intérêts populaires et ceux de la grande propriété.

CONCLUSIONS.

Toutes les opinions que nous venons de discuter ci-dessus, ne sont bien évidemment à nos yeux que les développemens, que les conséquences rigoureuses de la Charte de 1830. Reste à savoir si le pouvoir législatif en jugera ainsi que nous, et en tirera les mêmes conclusions.

Dans tous les cas, nous n'en persistons pas moins à dire que la Charte, en divisant les grands pouvoirs de l'Etat, a bien assigné à chacun sa part d'action politique. Elle a sagement créé une chambre héréditaire pour que l'aristocratie en général y trouvât place, selon ses conditions de temps, de forme et de nature; c'est donc sur ces divers points que la question doit seulement s'agiter. Elle n'a point entendu qu'une fraction aristocratique quelconque usurpât le pouvoir au détriment de tous ceux qui lui étaient égaux en droits; elle n'a point entendu non plus que le pouvoir démocratique s'érigeât en aristocratie au petit pied, et se limitât à un certain nombre de privilégiés élisans et éligibles; elle n'a point entendu enfin, que la royauté pût exercer aucune influence sur les deux autres pouvoirs, ni être influencés par eux. Cette grande et équitable transaction a eu uniquement pour but de conserver à chacun des pouvoirs constitués leur juste part dans l'action politique, de manière à ce que l'interminable question du pouvoir constituant, cette menaçante dictature toujours appendue sur la tête de la liberté, se résumât en définitive, après tant de débats, en un compromis réciproque, où chacun conservât ses droits et sa position. Car en effet, que cette dictature du pouvoir constituant vienne du monarque, des grands ou du peuple, elle n'en est pas moins un véritable despotisme, reprenant le lendemain ce qu'il vous a donné la veille. Notre transaction actuelle, avec son initiative et ses trois pouvoirs bien réels, bien vrais et bien établis, met enfin un terme à cette cause toujours renaissante de révolution; pour cela faire, il faut entrer franchement dans cette voie et en subir courageusement toutes les conséquences. C'est aussi pour atteindre ce but et pour obéir à l'esprit de la Charte, que nous avons conseillé de donner aux deux Chambres toute l'extension de principes dont elles sont susceptibles.

Si, sous l'empire d'une nécessité impérieuse, une portion de la Chambre des Communes a cru devoir aussi s'arroger une dictature passagère en scindant la Chambre héréditaire, son excuse se trouve dans la difficulté des circonstances, dans les évènemens graves dont elle était entourée; ce contre-poids aristocratique lui semblait peut-être dangereux en présence d'une démocratie encore mal organisée. Mais maintenant que cette démocratie est entrée dans la Constitution, aujourd'hui qu'elle a déjà opéré, qu'elle a mesuré ses forces, non-seulement il est urgent de rentrer sous ce rapport, sous l'empire régulier de la charte, mais encore il est indispensable d'adopter les mesures que nous indiquons. Gouverner ne consiste pas à armer les uns contre les autres les pouvoirs de l'Etat, afin de les affaiblir et de les neutraliser; diviser pour régner était un vieil adage du despotisme, qui a menti le jour où on a établi un Gouvernement représentatif. C'est pour avoir voulu appliquer cette fausse maxime à ce Gouvernement, qu'on s'est trouvé seul le jour du danger.

Depuis quarante ans on a cru qu'il suffisait pour conduire un peuple de trente-deux millions d'habitans, pour le lier à son sort et à sa fortune, de quelques changemens dans la haute administration, de quelques paroles de tribunes, de quelques garanties de papier, et moyennant deux ou trois proconsuls par département, ayant la haute main et le mot d'ordre, gens pour la plupart étrangers aux intérêts et au caractère des localités, tout devait aller merveilleusement. Quant aux 31 millions 500 mille et quelques autres, on s'est borné à vous les jeter pêle-mêle dans le grand creuset de la centralisation, en leur soufflant ces deux mots magiques, obéissez et payez: puis l'on s'est étonné un jour de voir les douze ou quinze Gouvernemens qui se sont succédés depuis ce temps, s'évanouir comme un songe, passer devant ce peuple, vainqueurs ou vaincus, à pied, en poste ou en litière, sans que ce même peuple y prît la moindre attention. Ces exemples frappans et caractéristiques sont cependant bien faits pour éclairer les plus aveugles, et néanmoins on persiste. Que l'on vienne donc encore s'étonner si les Gouvernemens sont livrés à la même instabilité. Les mêmes causes existent, elles produiront les mêmes effets. Le moment était cependant opportun, il fallait sur-le-champ prendre tout votre monde au mot, entrer largement dans la voie des économies, mettre à profit cet enthousiasme de désintéressement sitôt refroidi; et au moyen des capacités admises périodiquement aux charges publiques, noyer ainsi cette tourbe de sang-sues, d'intrigans, d'hommes vils et corrompus, qui ont trahi, vendu, livré la France, et qui le feraient encore au même prix; il fallait les noyer, dis-je, au milieu de la grande majorité des gens de bien, espèce d'hommes dont la force d'inertie n'est nullement propre à conjurer les maux journaliers que font et préparent tous ces misérables, dont les ressources et l'activité semblent en toute circonstance doubler le nombre et les moyens. Il est un fait incontestable, c'est que nous n'aurons rien de bon, rien de stable en France, tant que notre sort pourra être ainsi livré aux mains de tels hommes, tant en un mot que le principe du Gouvernement favorisera leurs intrigues. Enlevez la cause, vous détruirez les effets; la cause, c'est le salaire; supprimez-le ou réduisez-le, au moins. Croyez-vous que vous verriez tant d'individus se ruer corps et biens dans les innovations, dans les systêmes, dans les révolutions de toutes sortes, si les convoitises ne les tentaient? Dans un Etat social où on admet l'égalité la plus absolue, l'aptitude de tous les citoyens aux emplois publics, si les emplois sont limités et si les lumières toujours croissantes multiplient à chaque instant les capacités, plus les fonctions seront rétribuées, plus les ambitions seront aux prises; et comme l'on ne voit plus de moyens partiels et prévoyables d'arriver à son tour en détail, on n'en voit plus d'autres que d'y procéder en masse; ce qui s'essaye d'abord par des combats ministériels, où les opinions, les principes parlementaires, la presse, sont d'abord mis en jeu, moyens qui deviennent insensiblement si chauds et si passionnés, que l'Etat en est ingouvernable, et qu'il faut enfin en arriver à une nouvelle révolution, bientôt suivie elle-même d'une foule d'autres, où chacun lutte toujours pour obtenir, sous une forme ou sous une autre, le rang et la fortune, but de son ambition. De là, faiblesse au-dedans, déconsidération au-dehors, désordre des finances, impuissance des lois, suivis de tous les maux qu'engendrent à la fois tant de causes destructives des plus puissans empires.

Du reste, c'est sous l'inspiration de ces pénibles pressentimens, que toutes nos réflexions ont été écrites; c'est pour remédier à ces dangers réels que nous avons proposé les modifications législatives précédentes; et nos alarmes, fussent-elles même exagérées, nos opinions n'en seraient pas moins applicables.

Le progrès en France, est synonime d'avancement, avancement de lucre, ainsi de suite; y a-t-il possibilité de satisfaire à tant d'ambitions? Je pense que non, ni dans la paix, ni dans la guerre. Mais au lieu d'alimenter cette fièvre, on peut la calmer, lui donner un cours plus moral et plus régulier; l'ambition de la vanité est, il faut le dire avec satisfaction, plus générale en France que celle de l'argent; il est plus facile de satisfaire la première que la seconde. Les trésors de l'une sont inépuisables, ceux de l'autre se remplissent difficilement. Pour parler sans métaphore, au train dont on y va, nos dernières ressources seront bientôt épuisées, et une banqueroute sera alors inévitable. Deux budgets sont à régler; les comptes de l'expédition d'Alger n'ont point été rendus; des avances, des prêts, des crédits, des emprunts de toutes sortes ont été souscrits ; qui pourra donc nous tirer de ce chaos, de ce dédale inextricable ? Pendant ce temps, nos forêts, dernières ressources nationales, s'aliènent, et plus d'un milliard est peut-être déjà dépensé sur ces garanties. Où puiserez-vous donc désormais pour alimenter le trésor de l'Etat; les contributions se lèvent difficilement, le déficit s'accroît chaque jour, et des attaques extérieures, des soulèvemens partiels, peuvent annihiler l'impôt dans plusieurs provinces ? L'on n'est donc pas épouvanté de cet état financier en présence d'une guerre, européenne peut-être ? et l'on ne s'empresse pas de constituer promptement un pouvoir héréditaire, libre, fort et indépendant, qui ne soit ni le docile instrument du pouvoir, ni le vain écho d'une autre Chambre ; et l'on ne s'empresse pas de rallier au gouvernement les grandes fortunes territoriales, au moment où le crédit des capitalistes est ébranlé de toutes parts, et où des évènemens plus graves encore peuvent les obliger ou à déplacer ou à enfouir leurs trésors ? N'est-il pas évident qu'une Chambre héréditaire fondée sur les principes émis, doit être la sauve-garde la plus assurée de notre Charte de 1830, ainsi que le plus ferme appui de la liberté même dont nous jouissons ? Je ne sais si le Gouvernement actuel a ou n'a pas une tendance secrète vers le despotisme ; mais, ce qu'il y a de certain, c'est qu'une Chambre inamovible lui en offre la plus facile occasion. Quant à une tendance remarquable, c'est la tendance militaire que l'on imprime à tout, depuis les écoles élémentaires, les colléges royaux, et tous les établissemens dépendant du Gouvernement, jusqu'aux derniers âges de la société; dans toutes les classes, dans tous les rangs, dans tous les lieux, tout le monde marche au son du tambour et de la musique guerrière, tout le monde est armé, enrégimenté; la moitié de la vie se passe véritablement à l'exercice et au corps de garde, ce qui assurément, selon nous, n'est pas plus propre aux progrès de la liberté qu'à ceux de la civilisation. Les conseillers les plus intimes du Prince appartiennent pour la plupart à la classe militaire; la guerre est déclarée, on annonce d'un autre côté que la Vendée va être incessamment livrée au pouvoir du sabre : que la Chambre choisisse donc entre un despotisme et une aristocratie militaire, dont la proposition de M. Salverte tend encore à fortifier l'influence, et dont on connaît les œuvres; et une Chambre héréditaire vigoureusement constituée, laquelle est seule capable à nos yeux, de servir de contrepoids à une tendance aussi marquée. Nous n'avons fait qu'esquisser, à ce qu'il paraît, la période anarchique, et nous voilà bientôt arrivés au despotisme militaire de l'empire; impuissant, ou répugnant qu'on était à un système constitutionnel proclamé. La nomination de deux Maréchaux de France, hors des conditions légales, et dans un moment surtout où cela pouvait servir d'aliment et de récompense au courage, et au dévouement à la patrie, au moment de la guerre; prouve que le gouvernement tombe toujours dans les mêmes fautes aux mépris des lois et de l'opinion publique elle-même. Était-ce bien le moment, en effet, lorsque de plus le trésor est obéré, que le peuple souffre; d'enrichir des courtisans, de les investir de dignités extraordinaires, eux dont les titres ne sont rien moins qu'établis? Qu'un despotisme soit militaire, théocratique, ou autre, que les courtisans soient à galons ou à épaulettes, le peuple n'en éprouve pas moins le dam et l'oppression. Du reste, nous retombons toujours dans le même cercle vicieux, et nous pouvons encore aujourd'hui appliquer à nos gouvernans le même distique qu'à ceux d'hier :

Il tourne au moindre vent, il tombe au moindre choc,
Aujourd'hui dans un casque et demain dans un froc.

Tout autour de nous on arme, on nous menace, nous nous mettons sur un pied respectable; nous armons aussi, rien de mieux, c'est fort bien! Mais qu'ont affaire l'enfance et la jeunesse dans ces soins de l'âge mur? Pourquoi solliciter, inoculer cet esprit exclusivement militaire, en présence de nos institutions intelligentes? Est-ce là la liberté d'enseignement qu'on nous prépare? Quelle dérision! car assurément tout cet essor guerrier se fait d'après l'ordre, ou au moins avec l'assentiment du ministre de l'instruction publique. Pourquoi donc élever ainsi des générations entières à l'indocilité d'une part, et à l'obéissance passive d'une autre? Pourquoi leur faire manier sitôt le lévier dangereux de la force brutale, sous l'empire d'une législation qui exalte la force raisonnante? Où est la liberté, où est la tolérance; vous tombez dans les mêmes excès que vos prédécesseurs; et si j'étais député, je vous en demanderais compte! Hommes d'Etat d'un jour, préludez-vous ainsi à de nouvelles guerres d'invasions et de conquêtes, en criant la guerre ainsi que d'autres auraient crié, vive la république; ce qui voudrait dire en d'autres termes, comme nous ne pouvons plus nous en retirer, et que nous ne voulons pas en démordre, nous ferons sauter la mine?

Mais les guerres et les conquêtes, quels biens cela rapporte-t-il aux peuples? Les plus glorieuses et les mieux conduites, que nous ont-elles produit? Répondez, innocentes victimes immolées dans mille endroits divers de l'Europe? Qu'on lise les bulletins du temps, et comptons au trésor public! La prudence, la sagesse des pères de la patrie, eût tempéré l'exaltation de notre fièvre belliqueuse, elle eût pesé avec modération les avantages et les dangers de notre situation, et ce qui eût été fait l'eût été dans toutes les conditions parlementaires. Mais où donc est-il ce digne aréopage où siégeaient toutes nos illustrations nationales? Si on le repousse, malheur à nous, malheur au pays maudit du ciel, qui dédaigne les conseils de la vieillesse et les leçons de l'expérience!

De toutes les opinions précédemment émises par nous, nous sommes en droit de conclure que l'hérédité de la couronne, l'hérédité législative, et l'hérédité des biens considérés comme moyens de stabilité dans la forme du pouvoir, dans les lois de l'Etat, et dans tous les élémens de sociabilité sur lesquels reposent les bases de nos gouvernemens modernes, sont absolument solidaires entr'eux. Il est en outre d'autant plus urgent de cimenter ensemble ces élémens convergeans au même principe et d'en former un tout indissoluble, que la complexité et la mobilité des intérêts moraux et matériels sont eux-mêmes plus dissolvans et plus destructeurs. Il est en effet important de considérer que les intérêts, dans leurs graduations respectives croissantes et décroissantes, reposant sur les mêmes droits, en attaquer un seul, soit au sommet, soit à la base; c'est évidemment les menacer tous. Il n'existe plus de nos jours d'intérêts aristocratiques, privilégiés matériellement parlant, si ce n'est dans certaines fonctions, certaines professions qui bientôt rentreront elles-mêmes sous le niveau du droit commun. Le propriétaire de 500 mille francs de rente possède donc au même titre que celui de 500 francs; qu'on exproprie celui-ci, ou qu'on dépouille celui-là, fût-ce même par une loi, une telle violence brise désormais l'ordre et la justice, elle fait en outre une trouée à la propriété où tôt ou tard pourraient passer plus de 30 millions de prolétaires; puisqu'on sait, à n'en pas douter, qu'il n'existe en France que deux cent mille individus payant non pas deux cents francs d'impôt foncier, puisque l'industrie et la science y sont encore évalués au marc le franc. Que l'on réfléchisse un peu, et qu'on avance, si on l'ose. Faire donc la guerre aux opinions pour des intérêts, et aux intérêts pour des opinions, lorsque l'on possède à la fois des intérêts et des opinions; c'est de la part des intéressés à l'ordre, la guerre la plus absurde qu'on ait jamais pu se susciter. Pour acquérir plus de richesses, ou pour satisfaire à plus d'orgueil, c'est absolument mettre sa position à la loterie, c'est jouer la certitude contre le hasard, contre la force, c'est un suicide social; c'est sacrifier ce qui ne vous appartient pas, ce qui vous a le plus souvent été transmis et confié, l'intérêt et le bonheur de la famille!

Ainsi, lors de la première révolution, après avoir détruit l'hérédité du pouvoir, l'hérédité aristocratique, on ne brisa pas tout-à-fait légalement l'hérédité des biens, mais on procéda dans la politique de telle sorte, qu'en arguant des opinions contre les intérêts, sous les dénominations d'aristocrates, de parlementaires, de modérés, de négociantisme, d'accapareurs; on dépouilla successivement les nobles, les fonctionnaires, les grands propriétaires, les négocians, les marchands et tous ceux en un mot qui étaient désignés ainsi à ces monstres d'alors, dont l'ardente cupidité ne voyait dans les flots de sang qu'ils répandaient, que les moyens de satisfaire leur soif insatiable de pillage et de destruction. Les conséquences aujourd'hui seraient bien autrement rapides, par l'homogénéité des intérêts. Que l'on y songe donc avant de se lancer encore dans le même chaos de désordre et d'anarchie, au lieu de s'abandonner aux conseils inconsidérés, au délire furieux et fanatique d'une foule d'individus, ignorans pour la plupart des choses dont ils traitent, et victimes certaines de leurs propres utopies; que l'on s'empresse donc bien plutôt d'apporter secours à tous les moyens conservateurs de l'ordre et de la propriété.

Ainsi donc, consécration du grand principe de l'hérédité, comme base inébranlable du principe fondamental de propriété; extension intelligente du principe de souveraineté nationale; satisfaction donnée à la fois et à une économie bien entendue, et aux innombrables capacités qui nous débordent, au moyen de la réduction de toutes les fonctions possibles à des charges gratuites, et successivement exercées par les capacités respectives; simplifications des rouages administratifs du département, et législation propre à régler d'une manière plus vraie et plus indépendante, les intérêts et les besoins des localités; instruction publique plus généralement répandue et particulièrement dans le haut et bas enseignement, s'exerçant par des capacités et d'après des droits définis, le tout n'étant passible que d'une juridiction indépendante; enfin, législation civile et criminelle, convenablement modifiée dans plusieurs de ses parties, et appelée à statuer sur l'opiniâtre cumul, ainsi que sur l'incompatibilité dont le principe ou méprisé ou mal défini, neutralise partout la justice et l'action administrative : telles sont en somme les améliorations que réclament impérieusement ces provinces auxquelles des sacrifices toujours croissant donnent bien aussi quelques droits à la sollicitude du Gouvernement et des Chambres.

En parlant dans cet écrit, des pouvoirs et des intérêts aristocratiques et démocratiques, nous n'avons point entendu attribuer à ces mots le sens hostile et absolu dans lequel on les emploie assez généralement. Ce n'est pour nous, qui ne reconnaissons dans l'échelle sociale aucunes divisions ou distinctions absolues, qu'une façon systématique de classer les intérêts fixes et mobiles, dont la représentation légale se trouve dans la Charte constitutionnelle, entièrement compris et renfermés dans une assemblée largement élective, nommée Chambre des Députés: ainsi que dans une autre Chambre législative héréditaire, dite Chambre des Pairs ou autrement.

Du reste, nous protestons aussi contre toutes les interprétations fâcheuses qu'on pourrait prêter à nos paroles. Si nous avons ainsi soumis successivement quelques-unes de nos institutions à des investigations critiques; si nous avons fait ressortir ou leur exubérance, ou leur onérosité, ou leur incompatibilité avec les constitutions de l'Etat, afin de les ramener aux vues économiques les plus conformes aux intérêts généraux : nous n'en reconnaissons pas moins qu'un grand nombre d'individus, bien que subissant l'influence des corps auxquels ils appartiennent, n'en rachètent pas moins aussi cet inconvénient par les qualités personnelles, les talens et les vertus que nous nous plairons toujours à leur reconnaître.

FIN.

www.ingramcontent.com/pod-product-compliance
Ingram Content Group UK Ltd.
Pitfield, Milton Keynes, MK11 3LW, UK
UKHW012104240726
13965UKWH00004B/1527

9 782013 047715